Für Nonno

Grazie per aver sempre creduto in me!

Impressum

1. Auflage April 2020

Text: Mag.(FH) Margit Wickhoff | www.wort-spiel.at
Illustration: Reinhart Kerndle
Schrift, Layout & Satz: Katja Haas | www.papier-liebe.at
Druck und Bindung: General Druckerei GmbH
ISBN: 978-3-903322-11-0

www.editionkeiper.at

Margit Wickhoff | Reinhart Kerndle

Emma und die Federmaus

Der „Ich kann es"-Zauber

Durchs Leben führen zwei Zauberworte,
sie öffnen zu jeglichem Glücke die Pforte.
„Ich will" ist der Schlüssel, aber „ich kann"
ist unerlässlich der Bart daran.

Autor unbekannt

Ich kann es!
Die magische Zauberkraft unserer Gedanken

Beim Anziehen der Jacke, beim Üben mit dem Fahrrad, beim Schuhe binden oder vor der Mathematik-Schularbeit – als Mutter einer großartigen Tochter bin ich immer wieder mit Situationen konfrontiert, in denen mir mein Kind aus voller Überzeugung erklärt: „Ich kann das nicht!"

Daraus ist die Idee für den „Ich kann es"-Zauber entstanden. Ich habe ihn mit meiner Tochter ausprobiert, wir haben gemeinsam gezaubert und schon alleine die positive Auseinandersetzung mit den kleinen und großen Herausforderungen unseres Alltags hat viel Stress und Anspannung aufgelöst.

Macht man nämlich aus einem „Das schaff ich nie" ein von Herzen überzeugtes „Ich kann es", sind sogar scheinbar weit entfernte Ziele und Wünsche plötzlich greifbar. Wir verändern damit unseren Zugang zu den Herausforderungen unseres Lebens, agieren aktiv, statt passiv abzuwarten und übernehmen Verantwortung für unser Handeln.

Die wunderbaren Effekte von positivem Denken und mentalem Training setzen Spitzensportler wie Manager heute gezielt und erfolgreich ein, um ihre Ziele zu erreichen. Leider müssen wir uns diese Fähigkeiten oft erst mühsam im Erwachsenenalter im Rahmen von Coachings und Trainings aneignen. Dabei wären diese Werkzeuge aus meiner Sicht doch eigentlich Bestandteil einer Herzensbildung von Kindesbeinen an.

150.000 mal „Das kannst du nicht!"

In unserer Gesellschaft ist aber leider genau das Gegenteil der Fall: Sehr häufig ist die Kindheit von Sätzen wie „das kannst du nicht" oder „das schaffst du nicht" geprägt – bis zu 150.000 mal hören wir Sätze wie diese von unseren Bezugspersonen, bis wir erwachsen sind.

Umso wichtiger ist es, sich der eigenen Sprache im Alltag bewusst zu werden. Nicht nur um unserer Kinder willen, sondern auch für uns selbst. Denn ich bin überzeugt davon, dass nicht nur unsere Kinder einen „Ich kann es"-Zauber brauchen können, sondern wahrscheinlich auch jeder Erwachsene.

Vor diesem Hintergrund soll Ihnen dieses liebevoll von meinem Vater, Reinhart Kerndle, illustrierte Buch als zauberhaftes Werkzeug dienen, um gemeinsam mit Ihrem Kind die kleinen und großen Herausforderungen des Lebens zu meistern.
Ich wünsche Ihnen eine wunderschöne Vorlesezeit und vor allem viel Leichtigkeit für einen Familienalltag voller „Ich kann es"-Momente.

Ihre
Margit Wickhoff

Reinhart Kerndle und Margit Wickhoff mit ihrer strahlenden Inspirationsquelle

PS: Was mir noch sehr wichtig ist – der Zauberspruch allein ist natürlich kein Allheilmittel, sondern ein wichtiger, erster Schritt. Um Ziele zu erreichen, ist es unerlässlich, ins Tun zu kommen, und dafür braucht es oft großen Einsatz. Fakt ist jedoch: Mit der richtigen und vor allem positiven Gedankenwelt lassen sich diese Anstrengungen viel leichter erbringen.

Emma sitzt in ihrem Kinderzimmer. Sie ist stinksauer und könnte heulen. Diese blöden Puzzle-Steine wollen einfach kein ganzes Puzzle ergeben.

Sie vergräbt ihren Kopf in den Armen und wünscht sich, sie wäre schon so groß wie ihr Bruder Leo oder ihre Mama. Dann wäre alles leichter und das Puzzle würde sie mit links schaffen.

„Das schaff ich nie!", schimpft sie und pfeffert das Puzzle in die Ecke. Bär Timo kriegt einen Riesenschreck und auch Olli, das Nilpferd, das auf Emmas Regal sitzt, schaut ganz verdattert.

Plötzlich hört Emma ein Klingeln und leises Zischen, dann zupft etwas an ihrem Ärmel. Was ist denn das? Vor Emma steht eine kleine graue Maus mit einer Feder in der Hand.

Emma reibt sich die Augen. „Wer bist denn du?“, fragt sie. „Ich bin Lieselotte Federmaus. Deine höchstpersönliche Zaubermaus“, sagt das hübsche Mäuschen und klimpert mit seinen langen Wimpern.

„Und was willst du von mir?" Emmas Augen sind noch immer so groß wie Kaffee-Untertassen. Sie ist ganz aufgeregt.

„Ich will dir ein Geheimnis verraten!“, sagt Lieselotte.
„Ein Geheimnis?“ „Ja, genau, ein Geheimnis!
Eigentlich ist es sogar ein Zauber.“
„Ein Zzzzzzaaauber?“, jetzt beginnt Emma vor Aufregung sogar ein bisschen zu stottern.

Ihr Herz klopft so schnell, dass sie das Gefühl hat, man könnte es von außen sehen. „Und wie geht der?", fragt sie. „Es ist der ‚Ich kann es'-Zauber!", ruft Lieselotte fröhlich und hüpft dabei von einem Bein auf das andere. „Mit dem kannst du alles schaffen, was du willst. Es geht ganz einfach!"
„Alles schaffen, was ich will? Auch dieses blöde Puzzle? Das glaub ich nicht!"

„Natürlich, auch das Puzzle, einfach ALLES!" Lieselotte springt auf Emmas Schulter und kitzelt sie mit ihrer Feder im Ohr. Da muss Emma lachen. „Na gut, wenn du meinst. Und was muss ich dafür tun?"
„Du nimmst meine Zauberfeder in die Hand, konzentrierst dich ganz fest auf das, was du machen möchtest und sagst dreimal laut: Ich kann es!"

Emma schaut noch immer ungläubig. Aber weil Lieselotte ihr so freundlich zulächelt, probiert sie es. Sie nimmt die Feder in die Hand und sagt den Zauberspruch: „Ich kann es, ich kann es, ich kann es!“

Und weil sie sich dabei wie eine Zauberin fühlt, schwingt sie die Feder wie einen Zauberstab dazu. Emma hat geglaubt, dass jetzt etwas Magisches passiert, mit Musik und Glitzer und Zauber-Tam-Tam wie im Zirkus, aber im Kinderzimmer bleibt es ruhig.
„Und was ist jetzt?", fragt sie Lieselotte.
„Jetzt gelingt es dir ganz sicher!

Wichtig ist, dass du es wirklich willst und ganz fest an dich glaubst, probier es einfach aus!" Lieselotte nimmt Emma an der Hand und zieht sie zu den in der Ecke verstreuten Puzzle-Teilen. „Na gut, ich versuch's!", brummelt Emma.

Sie sammelt alle Teile zusammen, setzt sich hin, atmet tief durch, konzentriert sich ganz auf das Puzzle – und wirklich: Das Puzzle ist im Nullkommanix zusammengefügt. „Wow!", ruft Emma, „ich kann es ja wirklich! Das ist ja suuuuper!"

Sie hebt den Kopf und will sich bei Lieselotte bedanken, aber da ist nur mehr eine kleine Rauchwolke zu sehen und wieder dieses Zischen und Klingeln zu hören. Dann hört sie noch Lieselottes Stimme: „Auch wenn es manchmal etwas länger dauern kann, und du dich vielleicht anstrengen musst – der Zauber funktioniert immer, auch ohne Zauberfeder. Vertrau auf dich!“

Emma ist noch den ganzen Nachmittag über aufgeregt, sie pfeift und singt und kann gar nicht glauben, was ihr passiert ist.

Am Abend beim Einschlafen denkt sie noch einmal an Lieselotte und den „Ich kann es"-Zauber. „Wenn das wirklich funktioniert…", murmelt sie noch, dann ist sie schon im Land der Träume angekommen.

Am nächsten Tag geht Emma mit ihrer Mama und ihrem Bruder Leo auf den Spielplatz. Leo ist zwei Jahre älter als Emma und er ist ein richtig toller Kletterer. Flink wie ein Affe klettert er auf das große Klettergerüst. Emma will auch hinauf.

„Pass auf, Emma, ich glaube, dafür bist du noch zu klein, das schaffst du noch nicht!“, sagt Emmas Mama, und als Leo das hört, ruft er gleich: „Emma ist ein Baby, Emma ist ein Baby!“

„Pah!", denkt Emma und marschiert entschlossen zum Klettergerüst. Während sie Sprosse für Sprosse hinaufsteigt, sagt sie leise: „Ich kann es, ich kann es, ich kann es!" Und wirklich, es funktioniert. Emma hat es geschafft, sie ist bis ganz nach oben geklettert. Mama und Leo schauen richtig erstaunt und Mama lobt sie: „Wow, das hast du toll gemacht!" Nur beim Runterklettern muss Mama Emma ein bisschen helfen. Trotzdem ist Emma sehr stolz auf sich. Das muss sie unbedingt ihren Freundinnen erzählen!

ChamP

Später übt Leo auf der Straße vor dem Haus mit seinem Skateboard. Immer wieder landet er unsanft auf den Knien oder dem Popo. Er ist schon richtig sauer und will gerade seinen Helm absetzen. Da läuft Emma zu ihm. „Weißt du was?“, sagt sie. „Ich verrate dir ein Geheimnis! Einen Zauberspruch, mit dem du ganz schnell ein super Skateboard-Fahrer wirst!“

Leo schaut sie unsicher an: „Was denn für ein Zauber?“ „Der ‚Ich kann es‘-Zauber!“, flüstert Emma. „Wenn du etwas unbedingt schaffen willst, dann sag dreimal: ‚Ich kann es!‘ Du wirst sehen, plötzlich wird alles viel leichter gehen!“ „So ein Blödsinn. Das funktioniert doch nie!“ Leo lacht Emma aus. „Wo hast du denn das gehört?“ „Das verrate ich dir nicht!“ Emma ist beleidigt. „Dann eben nicht!“, denkt sie und geht zurück ins Haus.

Aber als sie eine halbe Stunde später aus dem Fenster schaut, steht dort Leo mit seinem Skateboard. Er murmelt irgendwas vor sich hin und dann …

… dann steigt er auf sein Skateboard und zieht eine ganze Runde damit. Ohne hinzufallen. „Hab ich's doch gesagt!", denkt Emma und lächelt zufrieden, „der ‚Ich kann es'-Zauber funktioniert wirklich!"

Wie hat Ihnen das Buch gefallen?

Ich hoffe, Sie haben beim Lesen mit Ihrem Kind zauberhafte Momente erlebt! Je öfter Sie den „Ich kann es"-Zauber spielerisch in Ihren Alltag integrieren, desto selbstverständlicher wird er.

Über Ihr Feedback freue ich mich sehr – über die Website **www.federmaus.at** oder über Soziale Medien auf Facebook, Instagram ... oder wo Sie mich sonst noch finden ;-)

Wenn Sie persönlich benachrichtigt werden wollen, sobald ein neuer Band von der Federmaus veröffentlicht wird, tragen Sie sich einfach unter **www.federmaus.at/newsletter** ein und ich halte Sie auf dem Laufenden.

Ein ganz besonderes Buch ...

Die Figur der Federmaus stammt aus meiner Kindheit. Mit etwa drei Jahren zupfte ich eine Feder aus einem Federkissen im Schlafzimmer meiner Eltern. Ich ließ sie fliegen und sie segelte sanft schwingend zu Boden. Damals setzte sich mein Papa zum Tisch und die erste Skizze der Federmaus entstand.

... durch und durch handgemacht!

Nicht nur die Geschichte und die Zeichnungen in diesem Buch sind ganz und gar selbstgemacht und damit etwas ganz Besonderes. Auch die wunderschöne Schrift, die Sie hier lesen, ist ein echtes Unikat. Meine liebe Freundin und Handlettering-Künstlerin Katja Haas hat sie selbst entwickelt. Jeder einzelne Buchstabe ist von ihr liebevoll handgezeichnet und anschließend digitalisiert. So ergeben Text und Bild ein wunderschönes harmonisches Bild, das sich absolut sehen lassen kann, wie ich finde!

Mehr von Katjas großartigen Arbeiten können Sie auf **www.papier-liebe.at** entdecken.